T0057036

56 C6/D Gmaj9 E7(♯9) Am7 E♭9 C6/D Gmaj9 sus4)
65 Gmaj9 E9 Am7 Am/D D♭9(♭13/♯11) Cmaj9 Bm7(♭13) B♭13 Am7 A♭9(♯11)
p
73 Cmaj9 Cm9 Bm7 E♭9 C6/D Gmaj9 Em7 Am7 D(sus4) Gmaj9
mf
f
82 E7(♯9) Am7 C6/D D♭9(♭13/♯11) Cmaj9 Bm7(♭13) B♭13 Am7 A♭9(♯11)
p
89 Cmaj9 Cm9 Bm7 C6/D Gmaj9 E7(♯9) Am7 Am7/D D♭9(♭13/♯11)
mf
f
97 Cm9 Cm7/F B♭maj9 G7(♯9) Cm9 Cm7/F B♭maj9 Am7 C6/D
105 Cmaj9 Bm7(♭13) B♭13 Am7 A♭9(♭13/♯11) Cmaj9 Cm9 Bm7
p
mf
112 E♭9 C6/D Cmaj9 Bm7(♭13) B♭13 Am7 A♭9(♯11) Cmaj9
f
118 Cm9 Bm7 C6/D Gmaj9 Em7 Am11 C6/D Gmaj7
ff

2. Weep, O mine eyes

John Bennet (*c.*1575–after 1614) **BOB CHILCOTT**

OXFORD

Little Jazz Madrigals

Bob Chilcott

for SATB, piano, and optional bass and drum kit

Bass and Drum Kit part

The bass and drum parts may be played as written or used as a guide from which the player may improvise freely.

This part was prepared by Alexander Hawkins.

Duration: *c.*10 minutes

BASS and DRUMS

This work is dedicated to the LandesJugendChor (Rheinland-Palatinate), which is sponsored by the Landesmusikrat and funded by the Ministry for Science, Further Education and Culture

Little Jazz Madrigals

1. Sing we and chant it

Thomas Morley (1557–1602)

BOB CHILCOTT

© Oxford University Press 2022

Printed in Great Britain

OXFORD UNIVERSITY PRESS, MUSIC DEPARTMENT, GREAT CLARENDON STREET, OXFORD OX2 6DP

The Moral Rights of the Composer have been asserted. Photocopying this copyright material is ILLEGAL.

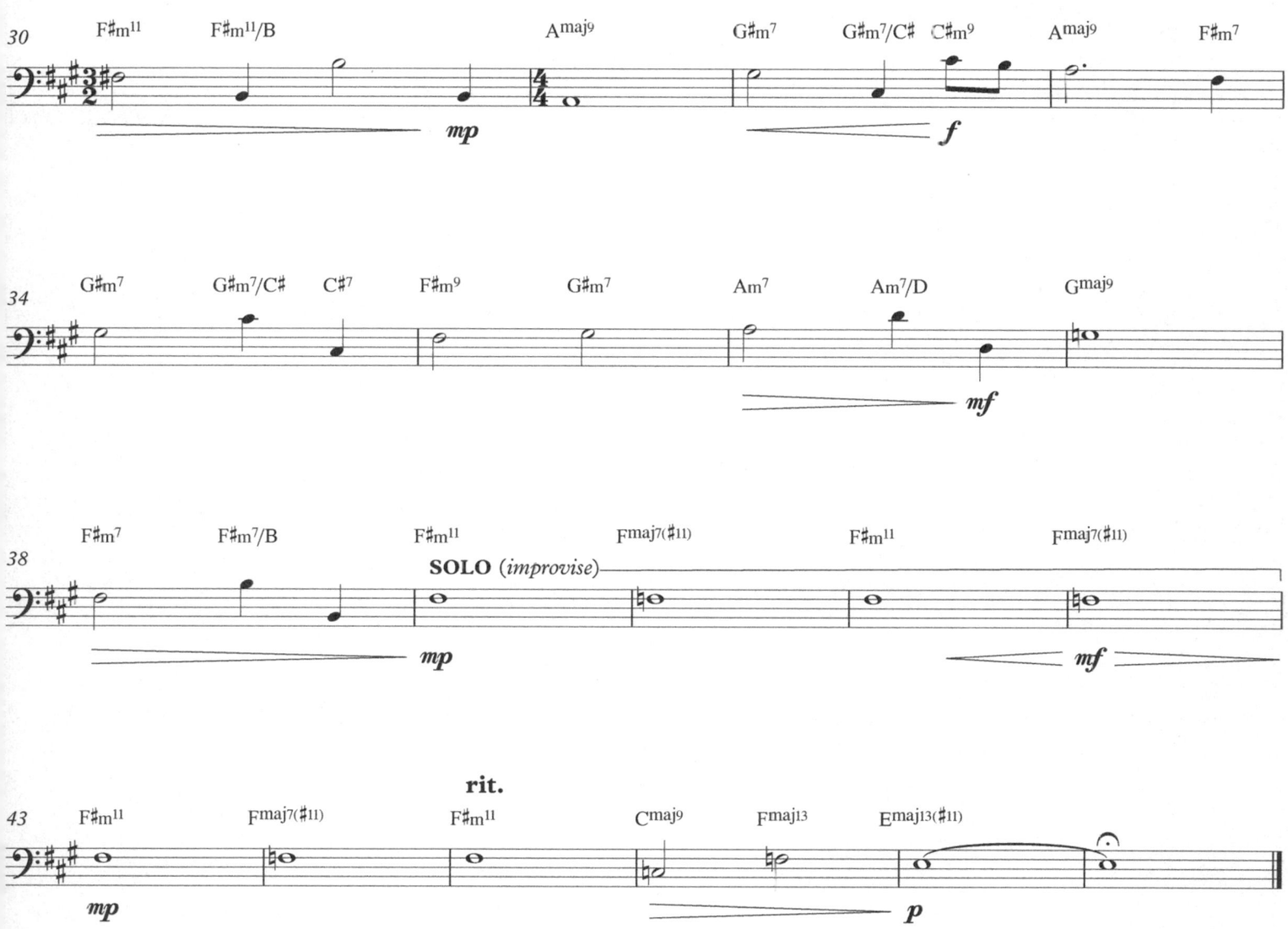
30
F♯m11
F♯m11/B
Amaj9
G♯m7
G♯m7/C♯
C♯m9
Amaj9
F♯m7
mp
f
34
G♯m7
G♯m7/C♯
C♯7
F♯m9
G♯m7
Am7
Am7/D
Gmaj9
mf
38
F♯m7
F♯m7/B
F♯m11
Fmaj7(♯11)
F♯m11
Fmaj7(♯11)
SOLO (improvise)
mp
mf
43
F♯m11
Fmaj7(♯11)
F♯m11
Cmaj9
Fmaj13
Emaj13(♯11)
rit.
mp
p

3. Learned Poets

Orlando Gibbons (1583–1625)

BOB CHILCOTT

29 Cm9 Cm9/F B♭maj9 E♭9 Am7 Am7/D Gm Gm(maj7)
34 Gm7 Gm(maj7) Gm Gm(maj7) Gm7 Gm(maj7) Gm Gm(maj7)
mf
38 Gm7 Gm(maj7) Cm9 Cm7/F B♭maj9 Am11 A♭9(♯11) Gm9
42 Cm9 E♭maj7/F B♭maj9 Am11 A♭7(♯11) Gm Gm(maj7)
f
46 Gm7 Gm(maj7) Cm9 Cm7/F B♭maj9 Am11 A♭9(♯11) Gm9
50 Cm9 E♭maj7/F B♭maj9 Am11 A♭7(♯11) Gm Gm(maj7) Gm7 Gm(maj7)
55 Gm Gm(maj7) Gm7 Gm(maj7) Gm Gm(maj7) Gm7 Gm(maj7)
mf
59 Cm7 Gm7 Cm7 Gm7/C Cm9 Am7/D Am7(b5) Am7(b5)/D A♭9(♯11) Gm9
mp
p

4. *Fire, fire!*

Thomas Morley (1557–1602)

BOB CHILCOTT

64
Cm11 Cm7 Gm11 Cm11 E♭9 E♭13 Am7/D Am7/D
71
Gm11 Cm11 Cm7 Gm11 Cm11 E♭9 E♭13 Am7/D
78
Am7 Am7/D Em9 Em7/A A9 Em9 Em7/A A7 Em9
84
Em7/A A9 Am9 Am7/D Gm11 Cm11 Cm7 Gm11 Cm11
91
Gm11 Cm11 Cm7 Gm11 Cm11 Cm7 Cm7/F
97
B♭maj9 Am11 Am7/D Em9 E♭13 Am11/D D♭9(♯11) Cmaj9 Cm9
103
Bm7 B♭13 Am11 Am7/D D♭13(♯11) Cmaj9 Cm9 Bm7 B♭13 Am11 D(sus4)
109
Em9 Em7/A A9 Em9 Em7/A A7 Em9 Em7/A A9 Am9
116
E♭9 Am11/D Em9 Em7/A A9 Em9 Em7/A A7 Em9
122
Em7/A A9 Am9 Am7/D Cmaj9 Bm7(♭13) E♭9 Am7/D Gmaj9
ff

BC261 **Little Jazz Madrigals** CHILCOTT

OXFORD
UNIVERSITY PRESS

www.oup.com

ISBN 978-0-19-356156-4

9 780193 561564